Pequeño, gran amigo

Pequeño, gran amigo

Edición formato eBook: agosto de 2018
Edición Tapa blanda: agosto de 2018
https://www.facebook.com/laura.r.rivas.9

Tapa Blanda ISBN: 9781983105272
Sello: Independently Published

Pequeño, gran amigo

Laura Ruiz Rivas

A Lana, que destrozó muchas cosas.

Y me mostró que ninguna era importante.

Prólogo

Llevo conmigo una herida, vergonzosa y profunda.

Por pertenecer a una especie que hace uso de cuanto le rodea, a veces sin respeto, con indiferencia o incluso, con una crueldad infinita.

Tengo en la retina imágenes de personas disfrutando con el maltrato a los perros. En algunos lugares, como en Yulín (China), se festeja la matanza de perros amarrados e indefensos que son quemados o molidos a palos. Y no puedo ignorarlo.

Me duele ver perros en la calle mojados, asustados o famélicos.

Encadenados o hacinados, y olvidados a su suerte.

Abandonados, después del calor de un hogar en que fueron queridos y mimados.

Me duele su espera en algunas protectoras de animales, mirando cada visita como su última oportunidad de amnistía.

Me duele el mundo que tolera a personas que no valoran la vida.

Pero creo en los niños. Y en ellos pongo mi esperanza.

En su capacidad de convencer a los mayores para que seamos más humanos.

1. ¡Que llegan los cachorros!

Mi madre abrió la bolsa en que nacemos los cachorros. ¡Para que pudiésemos respirar!

Y sentí mil olores en el aire: flores, hierba fresca, caquita de otros perros...

Escuché los gemidos de mis hermanos. Cada uno, con voz diferente.

¡QUÉ EMOCIONANTE!

¡BUENOS DÍAS A TODOS!

¡QUÉ GRAN AVENTURA, LA VIDA!

Sí, "vida". Porque acabábamos de nacer y nos esperaba todo un mundo de emociones.

Mi madre nos lamió despacito y con ternura. Era su modo de asearnos, ¡a lametones!

Yo temblaba de frío, hasta que sentí su lengua dulce y su aliento en mi cara.

Ya nunca olvidé su olor.

El olor de mi madre.

Ella lamió mis ojos y yo los abrí, poquito a poco.

Tardé un tiempo en distinguir formas y colores, pero todo estaba en movimiento. Era una fiesta de luces y sombras, de sonidos imprecisos y de bichos revoloteando alrededor.

¡Fue genial ver el rostro de mi madre!

Fue maravilloso sentir su hocico pegado al mío y sus ojos llenos de amor.

Mi madre era suave y sonreía con su lengua enorme acariciando mi cuerpo.

¡Como sonrieron tus padres al verte por primera vez!

Había un montón de cachorros, todos igual de torpes y hambrientos que yo.

Algunos, de mi color. Otros, con manchas pequeñas.

Los había blancos o completamente negros. Había cachorros llorones y otros calladitos.

Uno era más grade que el resto y abusón: nos daba patadas para llegar el primero a la teta de mamá.

¡Pero no me importaba.

¡Había leche de sobra!

Porque mi madre tiene muchos pezones para amamantar a todos los cachorros.

2. Mis primeros pasos

Cuando un cachorro nace, sabe pocas cosas y tiene que aprender a desenvolverse.

Sus padres lo protegen, lo alimentan y dan calor.

También se ocupan de la educación. Mi madre nos enseñaba qué comer, a quién podíamos acercarnos o hasta dónde podíamos correr y alejarnos sin peligro.

Ella gruñía si trataba de comerme una piedra.

Si me alejaba demasiado, me perseguía y me llevaba en su hocico, agarrado por la piel de mi cuello.

Cuando saltaba sobre ella y la molestaba, me gruñía.

Porque una de las tareas más importante de una madre es enseñarnos el lenguaje canino.

Por ejemplo, cuando algún cachorro pesado la molestaba y no atendía a sus gruñidos, entonces ella cogía con su boca el hocico del cachorro y lo volteaba. No nos hacía daño, pero chillábamos como si nos fuese a matar y salíamos corriendo. La siguiente vez, al primer gruñido, te agachabas o tirabas al suelo, en señal de sumisión, como diciendo “Vale, no te molesto más”.

Esa era su forma de enseñarnos a obedecer y a respetar a los mayores. También era su manera de calmarnos cuando jugábamos “a lo bruto” y nos podíamos lesionar. Y hacía todo ese trabajo sola, porque a mi padre lo conoció solo una vez, vivía lejos y no volvieron a encontrarse.

Alrededor de los 5 meses empezamos a controlar... ¡el pis y esas cosas!

Antes, nos lo hacemos en cualquier sitio y aguantamos poco, la verdad. ¡Como vosotros cuando sois pequeños! Así que os dejaremos pequeños charquitos por la casa.

Debes tener paciencia y llevarme a hacer pis a la calle o al jardín, hasta que aprenda a contenerme y a distinguir dónde quieres que lo haga.

Y, que no te parezca mal, pero como no sé usar el papel higiénico, lavo mis patas y genitales con la lengua. Porque si estoy sucio o lleno de tierra, tendré infecciones o heridas.

Esa es mi manera de asearme, así nos han enseñado nuestros padres. Y es importante que lo haga, para mantenerme sano.

¡Cada cual se apaña como puede!

Entre los 8 y los 12 meses descubrimos que "pegando" a otro cachorro podemos conseguir cosas. Por ejemplo, puedes quitarle al más débil su hueso o su juguete. O puedes lograr que no te lo quiten a ti, si respondes mordiendo una oreja. Cuando los humanos vais al colegio por primera vez, hacéis lo mismo: pegáis, mordéis y lanzáis cosas a los demás, hasta que el adulto os enseña que eso no está bien.

Los mayores se ocupan de enseñarnos a colaborar y a no ser agresivos con el resto de la manada.

Pero como esa es la edad en que nos adopta alguna familia humana, todavía no hemos aprendido a controlarnos. Deberás tener paciencia.

Y ¡cuidado!: si me educas con agresividad, aprenderé a resolver los problemas con agresividad. Pero si me educas con calma, verás que muy pronto aprendo a hacerlo bien.

3. Vivir en manada

Los perros somos animales sociales. Vivimos en manada.

Vivir en comunidad tiene sus ventajas. Permite repartir el trabajo y las responsabilidades. Por ejemplo: algún adulto se queda siempre cuidando a los pequeños mientras otros van “de caza”. Y si nos mantenemos unidos será más fácil defender nuestro territorio de depredadores: si se acerca otro perro, o un zorro hambriento, sabrán que somos un gran equipo que une sus fuerzas por el bien de la manada.

Pero hay más.

Vivir en manada te permite:

- Conocer a los demás, relacionarte, aprender habilidades de cortesía y de ayuda.
- Jugar, hacer ejercicio y medir tus fuerzas. Jugamos al pescar y a ”peleas”, sin hacernos daño.
- Ritualizar el comportamiento agresivo. Aprendemos “señales” y rituales para evitar enfrentamientos. Por ejemplo, mostramos dominancia con gruñidos, enseñando los dientes y erizando el pelo. Y con señales de calma y sumisión hacemos ver que no queremos pelea: orejas hacia atrás, cabeza baja, movimientos lentos del cuerpo y retirada.
- Aprender un lenguaje. Nuestro lenguaje, como el tuyo, está formado por sonidos y por gestos y movimientos muy complicados que aprendemos conviviendo en manada. Si un humano me adopta antes de haberlo aprendido bien, seguramente tendré problemas para comunicarme con otros perros que me encuentre por la calle.

4. Mi lenguaje especial

Como ya he dicho, los perros, como las personas, nos comunicamos. Y, en general, todos los animales que viven en sociedad: las hormigas y abejas, las aves, los delfines...

Cuando el animal es solitario, como el zorro, no necesita mucho lenguaje para relacionarse. Si vive en unidades pequeñas, como el chacal, desarrolla una variedad de gestos y sonidos más amplia. Y si vive en manadas más grandes, como el lobo, pues tienen todo un idioma particular lleno de palabras para muchísimas situaciones que deben compartir.

Vivir en manada requiere un sistema de comunicación eficaz para organizarse, compartir información, expresar necesidades, alarmas o miedos.

Y el lenguaje canino es además universal. Dos perros de países diferentes podrán entenderse aunque jamás se hayan visto. ¿No te parece alucinante?

Mi lenguaje especial contiene movimientos y posturas corporales, gestos de cabeza y rostro, movimientos de orejas y cola... ¡Y no te imaginas qué importante es la cola para nuestro lenguaje! La cola es además un estabilizador del movimiento: ayuda al equilibrio y al cambio de dirección en la carrera, o cuando nado.

También usamos sonidos diferentes si nos gustan tus caricias, o si estamos tristes... La soledad, la tristeza o el pitido de una sirena pueden hacernos aullar.

Y tenemos una versión particular de vuestras redes sociales: el pis.

Sí, porque el pis nos da información de otro animal, y esa información dura unas dos semanas. Podemos saber a quién pertenece, si está enfermo o no, si está en celo, solo o perdido. Y orinamos para marcar nuestro territorio, para dejar "escrito" que pasamos por ahí o vivimos por la zona... ¡Por si se animan a visitarnos!

Boby

Aprendemos y usamos un lenguaje particular para distintas situaciones.

Por ejemplo, en las PRESENTACIONES.

Cuando un perro se acerca a otro, tiene que hacerlo despacio, mirando hacia otro lado y dando un pequeño rodeo, para no asustar al compañero. Si es nervioso o maleducado y se acerca de modo brusco, se lo haremos saber: me lameré el hocico, bostezaré o giraré mi cabeza hasta que se tranquilice.

Cuando los dos estemos tranquilos, nos acercaremos y nos dejaremos oler. Cada perro tiene un olor particular, por el que ya siempre le recordará otro perro.

¡Y ya sabes qué parte nos olemos!

Para **invitar al juego**, pegamos nuestro cuerpo al suelo con las patas delanteras estiradas, saltamos un poquito y volvemos a agacharnos. Si nos apetece muchísimo jugar, ladraremos con alegría.

Entonces, uno de los dos empezará a correr como un loco invitando al otro perro a perseguirlo. Nos encanta correr y perseguirnos, derrapar, saltar sobre el otro y hacerle rodar.

A veces, nos excitamos mucho jugando y podemos llegar a hacernos daño.

Pero siempre hay algún perro tranquilo que se da cuenta y se interpone entre ambos mirando al frente y muy quieto.

No dice nada, pero enseguida entendemos: ¡Hay que calmarse!

Los perros somos geniales resolviendo conflictos. Aunque os parezca que nos vamos a hacer daño con tanto ladrido, todo ello es un ritual para dejar claras las normas.

Parece que nos han educado muy bien, y que tenemos una norma de convivencia muy importante:

"SÉ AMABLE, NO AGRESIVO"

Tenemos nuestras reglas.

En la manada hay un orden. Unos mandan y organizan. Otros, obedecen.

Cuando alguien no lo tiene claro, el jefe se lo hace saber: eriza su pelo para parecer más grande y gruñe un poquito (como amenazando). Si el otro lo entiende, bajará su cuello y orejas en señal de sumisión.

Pero si se muestra rebelde o agresivo, el jefe parecerá más feroz: levantará sus belfos mostrando los dientes, con mirada muy fija y orejas alzadas.

Un perro que vive en manada tiene que aprender a convivir y solucionar conflictos sin que nadie salga dañado, así que usamos rituales para mostrar la posición de cada uno, o para que nos dejen de molestar sin que haya heridos.

Se trata de convivir y cooperar.

Y en eso somos muy buenos. Aunque te asustes, verás que pocas veces nos hacemos daño.

Vuestro lenguaje es distinto. Y algunas personas, con su mejor intención, nos confunden: porque nos gritan para que nos calmemos. Porque nos pegan un tirón de correa cuando intentamos oler y presentarnos...

Tengo que decir que hay humanos que nos entrenan para ser agresivos. Disfrutan viendo cómo luchamos entre nosotros. Y eso no es bueno para nadie. Hay que respetar y cuidar de los animales que cada uno tiene a su cargo.

Nuestra naturaleza es pacífica. Los animales matan para alimentarse, defender su territorio o su manada. Pero un animal no mata por diversión. No está en nuestra naturaleza.

Aprendemos a controlar nuestra agresividad desde pequeños. Aunque a veces, no sabemos como calmar la vuestra.

5. Señales de calma

Tenemos un repertorio de señales con efecto sedante en los demás. Sirven para tranquilizar al otro, para explicarle que vamos con buenas intenciones, para reducir el miedo en un perro cobarde, etc.

Observa bien y verás cuántos de estos gestos puedes reconocer en nosotros:

-Girar el cuerpo, dar la espalda. Sentarse de espaldas.

-Girar la cabeza y mirar de lado

-Quedarse quieto y lamerse el hocico

-Bostezar

Si me gritas o amenazas, no me acercaré a ti. Cuanto más grites, más despacio andaré, y no por desobedecerte, sino porque está en mi naturaleza evitar el conflicto.

Me quedaré parado, como olisqueando el aire. Y pensarás que me hago el sordo. O me acercaré muy despacio y dando un rodeo, olisqueando el suelo, sin mirarte fijamente. Lameré mi hocico o bostezaré para decirte que me estás asustando. Y solo cuando te vea más calmado, me acercaré.

No me pegues, aprende mi lenguaje.

Y ponte en mi lugar: no siempre entiendo lo que me pides ni por qué te enfadas.

6. Miedo y estrés

Ya ves, hay situaciones que me asustan. Sobre todo, si no las entiendo o no las puedo resolver. Cuando no puedo huir de ellas y ponerme a salvo, lo paso fatal.

Me dan pánico los petardos, los fuegos artificiales, las tormentas...

No entiendo qué ocurre. Me duelen muchísimo los oídos, parece que se cae el mundo y que voy a morir. Mi corazón se dispara, babeo de la tensión y puedo salir corriendo sin rumbo, aunque me haga daño o me pierda. Solo pensaré en huir, como sea.

He tenido amigos que se perdieron y desaparecieron varios días, de tanto como corrieron. Alguno murió del susto, porque su corazón no resistió el miedo. Otros rompieron el cristal de alguna ventana, queriendo huir y se hicieron cortes profundos en sus patas.

Ahora que lo sabes, te pido que no me lleves a lugares de fiestas donde haya petardos o fuegos artificiales.

Hay también muchas cosas que me estresan:

-La soledad, el aburrimiento, la inactividad. También el entrenamiento excesivo.

-El hambre y la sed. El frío o calor. El dolor o la enfermedad.

-Los tirones de correa, los gritos y empujones.

-La excitación: cuando hay mucha gente y ruido, o la música está alta.

-Romper mis rutinas y horarios de comida y siestas (duermo varias a lo largo del día).

-Que te enfades y no entienda lo que pides.

-O que te olvides de mí, y no juegues ni respondas a mis invitaciones.

laura

Si quieres tranquilizarme cuando me veas asustado, usa mis señales:

Siéntate en el suelo, sin mirar hacia mí.

Estira tus brazos hacia delante y bosteza.

Poco a poco, me calmaré.

7. Tengo “superhabilidades”, ¿lo sabías?

Nuestra **visión** está más desarrollada que la humana.

Vemos mejor y abarcamos más (un ángulo de 240°, frente a los 180° vuestros).

Nuestra visión nocturna es cinco veces superior a la humana. Incluso vemos la luz ultravioleta que hay, por ejemplo, en el pis.

Procesamos más rápido, y el mundo parece moverse más lento. Por eso es fácil adivinar la trayectoria de una pelota o *Frisbee* y cazarlo al vuelo.

Nuestro **oído** percibe sonidos ultrasónicos, como los murciélagos.

Podemos detectar las tormentas mucho antes que tú. Y cualquier ruido es más intenso para nosotros. Por eso nos hacen daño las sirenas, los pitidos agudos. Y por eso nos asustan tanto los petardos, los fuegos artificiales, los truenos o las explosiones.

Mi **nariz** es una máquina procesando aromas. Está equipada con 200 millones de células receptoras (frente a los 5 millones vuestros). Distingo los olores que llegan desde la izda y derecha. Puedo detectar el olor que ha dejado alguien hace dos semanas y seguir su rastro. Y tengo una memoria olfativa que me permite saber cuándo vas a regresar. Si tienes un horario regular, tu olor en la casa va desapareciendo con las horas y eso me permite calcular cuánto falta para que regreses según la intensidad que queda de tu olor.

Podría detectar una cucharada de azúcar en una piscina olímpica. Hay perros que, por el aliento de su dueño, enfermo de diabetes, han sido capaces de notar un bajón de azúcar y alertarles, o salir corriendo para pedir ayuda.

Y tengo una habilidad para secarme, que deja en ridículo a la mejor de tus toallas. Mi estilo de centrifugado es capaz de expulsar el 70 % del agua de mi piel.

Y hay más…

Tengo una gran resistencia. Puedo correr a gran velocidad (40 kms/h) o recorrer grandes distancias sin desfallecer y orientarme aunque esté perdido en lugares donde nunca estuve. Los *Huskies* son un buen ejemplo de resistencia y fortaleza.

Algunos científicos creen que me puedo orientar como las aves, gracias a los campos magnéticos de la Tierra.

Mi mandíbula es tan potente como la de un oso. Tengo un gran control sobre la potencia de mi mordida, por eso juego con otros perros o contigo sin hacer daño. Y te sorprenderás cuando veas que destrozo un hueso de aceituna sin apenas esfuerzo.

Tengo una gran capacidad de empatía para conectar contigo. Percibo tu estado de ánimo. Sé cuando te sientes triste y me sentaré junto a ti, callado. Apoyaré mi pata en tu pierna y lameré tus lágrimas si lloras.

Soy divertido y entusiasta. Y te animaré a pasear cuando no te apetezca.

Te recibiré siempre contento, aunque apenas me hagas caso.

Mi actitud positiva hace de mí un compañero ideal para personas con dificultades: invidentes, niños con autismo, ancianos que viven solos, personas con discapacidad intelectual, etc. Puedo ser inquieto y juguetón, y sin embargo, me mostraré calmado y prudente en los brazos de un anciano o de un niño enfermo, sin que nadie me haya explicado cómo debo comportarme. Mi inteligencia y gran corazón me impulsan a ayudarte.

También tengo mis manías.

Y si me adoptas cuando soy muy pequeño, deberás tener paciencia. Porque seré inquieto y revoltoso, romperé cosas y no respetaré objetos que para ti son importantes. Desconozco tu mundo y sus normas. Y como los bebés humanos, me queda mucho por aprender.

Tu mundo humano es raro para mí. Tu forma de hablar y las cosas que me pides no se entienden fácilmente. Por favor, ten paciencia si:

- Me parece divertido robar tus zapatillas y calcetines para jugar y roer.

-Si entro con las patas sucias y corro por toda la casa.

-Si me hago pis en la cocina, en el salón o en el pasillo... No sé dónde se hacen estas cosas.

-Si algo huele demasiado rico y me lo zampo aunque no sea mío.

-También puedo comer cosas peligrosas: espinas, polvos del talco, plásticos...

-Me gustan los perfumes raros: puedo restregarme sobre una caca de paloma, para llevar ese perfume en mi cuello.

-Me gusta comer caca de vaca y de gato, no sé por qué, no te lo puedo explicar. Pero si dejas que lo haga, puedo enfermar al contagiarme de algunas bacterias de esos animales.

-Cuando soy pequeño y me salen los dientes, rumio todo lo que se me pone delante, y juego a morder. A veces, te haré daño sin querer. ¡Lo siento!

-Me gusta retozar en los charcos, dar volteretas en el jardín, y hacer agujeros, arrancar la planta que acabas de regar con esmero... En fin, ¡que soy un poco trasto!

Aunque… Lo que te rompo lo compenso con cariño. Lo juro: ¡Te querré a rabiar!

Recuerda siempre que no tengo mala intención. Soy un perro y hago cosas de perro. Tendrás que adaptarte un poco a mí.

Pero si eres paciente y me enseñas, como se hace con los niños pequeños, descubrirás que puedo aprender y formar parte de tu vida. Y tu vida será ya siempre especial a mi lado.

No te enfades, eres mi familia. Y te necesito.

Necesito que me conozcas y protejas. ¡No te arrepentirás!

Porque verás, los perros somos muy especiales.

Podemos hacer grandes cosas.

Y tenemos cualidades que ni te imaginas.

¡PERO BASTA YA DE HABLAR DE MÍ!

Quiero hablarte de compañeros de los que me siento orgulloso.

Deja que te cuente algunas historias...

Historias que hablan de nobleza y fidelidad, de trabajo y esfuerzo, de valentía y tesón...

Historias emocionantes en que un perro no es una mascota, es...

¡UN SER INCREÍBLE!

9. Historias emocionantes

SIEMPRE A TU LADO, HACHIKO:

Esta es la historia de un profesor de la universidad de Tokio, Hidesaburo Ueno, que descubrió la amistad de un perro.

Hachico era un perro de raza akita. Le puso ese nombre porque “Hachi” significa “ocho” en japonés, que era la forma curvada que tenían sus patas delanteras cuando lo recogió de las calles el profesor.

Todos los días caminaban juntos hasta la estación de Sibhuya, donde el profesor tomaba el tren que lo llevaba a su trabajo. Y Hachiko volvía después, siempre a la misma hora, para recibirlo a su regreso, y desandar el camino a casa al terminar la jornada.

Hidesaburo murió una tarde dando sus clases. Y no bajó del tren a la hora de siempre.

Nadie pudo explicarle a Hachiko que jamás regresaría su amigo.

Y allí volvió cada día, a esperar durante horas. Hasta de que decidió no volver a casa y quedarse en el andén de continuo, para no perder de vista cada tren y cada pasajero... Cuando las gentes del lugar vieron el comportamiento de Hachiko, entendieron que no podrían hacerle desistir. Y lo alimentaron durante años y animaron con gestos de cariño. Alguno quiso llevarlo a su hogar en el duro invierno, pero Hachiko se negó a abandonar su vigilancia en el andén.

Hachi esperó doce años, hasta que la vejez le pilló dormido. Y dormido soñó reunirse con su amigo. Imagino que estarán ahora juntos, paseando por el otro lado de la vida.

Su fidelidad aún nos emociona a todos. Y se hizo una película inspirada en él, protagonizada por Richard Gere.

Tener un amigo tan fiel, es algo extraordinario, ¿no te parece?

CANELO, EL PERRO DE LOS GADITANOS:

En España hay muchas historias similares. Pero me gusta ésta.

Canelo vivió en las calles con su dueño, un hombre pobre y enfermo del riñón que acudía al hospital para largas sesiones de diálisis. Desde 1990, Canelo acompañaba a su dueño hasta el hospital “Puerta del Mar” y obedecía sin rechistar, cuando el hombre le decía:

-Espérame aquí, compañero.

Pasaba horas atento al regreso de su dueño. Hasta que un día se complicó su enfermedad y permaneció ingresado. Las enfermeras bajaban a calmar al perro, a darle noticias de su amo y comida. Porque su dueño sufría por el animal, viendo que no podría ocuparse ya de él. Y Canelo se negaba a abandonar el hospital, seguro como estaba, de que su dueño volvería. Pero su dueño murió.

Y Canelo vivió esperando, día y noche, invierno y verano... Alguien se apiadó y le hizo una cama de cartones al cobijo de las lluvias. Pero ni el tiempo ni la soledad acabaron con su esperanza.

Más de doce años pasó Canelo, fiel a su amigo, esperando sin rendirse, hasta que un coche lo atropelló en el paso de peatones cercano, el 9 de diciembre de 2002.

Una placa conmemorativa en el hospital recuerda la valentía y fidelidad de una animal que ya siempre se conoció como “El perro de los gaditanos”.

Un perro sin raza, que llevaba en la piel la nobleza y perseverancia que nos caracteriza a los perros.

RESCATE MARÍTIMO

Hay perros entrenados para salvamento, capaces de permanecer concentrados y atentos a cualquier señal de socorro. Por eso, se han convertido en compañeros insustituibles de muchos grupos de rescate, por ejemplo, en rescate marítimo.

Todos los perros saben nadar, sin que se les enseñe.

Tienen un estilo potente de brazada de pecho capaz de arrastrar a doce personas.

Dejan de jugar, de perseguir gatos o de buscar alimentos, para trabajar. Saben cuál es su labor y no decepcionan.

Trabajan sin descanso junto al hombre, como han hecho desde los orígenes de la humanidad. Dispuestos siempre a responder con valentía y tesón a su llamada.

AFICIONES SORPRENDENTES:

Hay perros que tienen aficiones peculiares. Y nos parece increíble que se puedan desenvolver con destreza en algo tan difícil para sus características.

No debe ser fácil guardar el equilibrio en un monopatín, y mucho menos, sobre las olas.

Pero nadie podrá negar que si se esfuerza, un perro puede hacer lo que se proponga.

Este es Tillman, un bulldog inglés aficionado al skate y el surf. Era toda una fiesta verle correr por las calles y playas de California.

En 2009 obtuvo un record Guiness como el skater más rápido del mundo canino.

DETECCIÓN DE ARTEFACTOS:

Hay perros expertos en la detección de bombas y artefactos peligrosos. Desempeñan una gran labor ayudando al hombre a limpiar zonas de minas que siguen matando y mutilando a personas muchos años después de que se acabe una guerra. Porque muchas bombas quedan enterradas durante años, y estallan cuando alguien las pisa.

Su trabajo salva miles de vidas. No tienen miedo. Y si lo tienen, lo olvidan, por ayudar al ser humano.

Un perro hace su trabajo, venciendo el miedo y su propio instinto de supervivencia. Cuida de su manada humana y responde a lo que su compañero le pide.

SALVAMENTO Y RESCATE:

Nuestro gran olfato permite rescatar a personas perdidas en las montañas, sepultadas bajo aludes de nieve, o caídas en el interior de profundas grietas.

Toda la tecnología del mundo se queda pequeña, cuando dispones de estos expertos.

Los perros siempre hemos estado a vuestro lado: rescatando heridos, dando calor o buscando ayuda.

Sin pedir nada a cambio.

Así es un perro.

Es nuestra actitud natural para con el hombre.

Detectar con rapidez cualquier señal de vida entre los escombros, puede ser la diferencia entre vivir o morir. Los perros actuamos con rapidez, y el hombre excava, recupera y atiende a los heridos.

Somos un equipo esencial en las catástrofes que dejan las guerras, los terremotos, o los derrumbes de edificios mal construidos.

SENDEROS DE SUPERACIÓN:

El senderista Trevor Thomas se quedó ciego con 35 años, pero no abandonó su pasión. Siguió adentrándose en los senderos tortuosos de las montañas gracias a sus habilidades de ecolocalización y su gran memoria, convirtiéndose en el único excursionista profesional ciego del mundo.

En 2012 recibió su perra guía Tennille. Juntos y sin ninguna otra ayuda, han recorrido más de 9.500 kms por las montañas de EE.UU. Han completado rutas dificilísimas, como el "Mountains to Sea Trail" de Carolina del Norte o el "Pacific Crest Trail" desde México hasta Canadá. Y han coronado algunas de las cumbres más altas, como el monte Whitney de EE.UU.

Nadie enseñó a Tennille a orientarse por la montaña, anticipar peligros, o elegir rutas alternativas. Pero su compañía ha permitido a Trevor descubrir que no hay límites si te propones metas.

Trevor es un entusiasta defensor de la naturaleza y de los derechos de las personas invidentes. Ha fundado el *Team FarSight Foundation*, para promover y crear rutas adaptadas que permitan a personas invidentes disfrutar del senderismo de alta montaña.

Una bocanada de aire puro y energía, para no desistir nunca de nuestros sueños.

laura

TERAPIA ASISTIDA CON ANIMALES:

Nuestra gran capacidad de ayuda, empatía y actitud positiva son ingredientes esenciales en cualquier terapia. Por eso, se ha descubierto que trabajar con nosotros ayuda a las personas con dificultades. Se crea un lazo especial que alienta, motiva e impulsa a avanzar, superar barreras y rehabilitar determinados déficits.

Para las personas con discapacidad, podemos ser sus ojos y oídos, o su compañero fiel siempre atento a las necesidades.

Con las personas mayores que viven en residencias, colaboramos en programas de psicomotricidad y memoria. Y nuestro cariño derrite la soledad que les acompaña durante horas. Siempre esperan emocionados nuestra llegada.

laura

LOBO Y RODOLFO, TODA UNA INSPIRACIÓN

Rodolfo es un luchador.

Siempre armado con su mejor sonrisa, dedica muchas horas de su vida a concienciar a los más jóvenes sobre los peligros de la conducción irresponsable.

Pertenece también a una asociación de Terapia Asistida con Animales, en la que nos reunimos perros y personas, compartimos experiencias y nos formamos, para conocernos mejor.

Lobo, su compañero, es un pastor alemán enorme (en tamaño y corazón) que siempre verás pegado a él. Ayuda a Rodolfo a desabrochar su cazadora, recoge el móvil si se le cae. Se mantiene siempre firme junto a su silla, protegiendo a su dueño de cualquier extraño, hasta que éste le da permiso para descansar. Entonces Lobo vuelve a ser un perro y corretea con los demás amigos, aunque con un ojo siempre puesto en su dueño.

Rodolfo logró que dejasen a Lobo entrar en la habitación de hospital en la que tuvo que pasar recientemente algún tiempo. Con ello, continúa su labor de concienciación sobre la importancia de los perros en la vida de las personas, y su derecho a poder acompañarlas y entrar en establecimientos públicos y trasporte, como ya se ha logrado con los perros guía de los invidentes.

ANA, UNA PROFESORA ESPECIAL:

Ana trabaja como profesora en un centro de Educación Especial.

Es también adiestradora canina profesional. Ella y sus perros llevan mucho tiempo interviniendo y ayudando a diferentes colectivos de personas en desventaja. Imparte charlas formativas y organiza actividades y talleres para promover la intervención asistida con animales.

Junto a sus compañeros de cuatro patas Suri, Nala y Yogui, desarrolla programas de Terapia Asistida con Animales en colegios, residencias de mayores, centros ocupacionales, etc.

Los perros somos una ayuda más para animar y hacer avanzar a niños sin movilidad, personas con discapacidad intelectual, autismo, etc. Ellos confían en los profesionales y en los perros, poniendo todo su esfuerzo para mejorar.

También participamos en rutas de senderismo adaptadas y disfrutamos de la naturaleza y de los amigos.

Hay muchos otros animales que participan en programas de terapia: los caballos y los delfines son grandes colaboradores del hombre en estas actividades.

10. Ahora te toca a ti

Espero que este libro te haya hecho pensar que los animales no somos objetos ni mascotas para jugar.

Que somos seres como tu, con emociones y necesidades. Con actitudes muy positivas de cooperación y ayuda. Y con un sentido de lealtad inquebrantable.

Que adoptar a un perro para que forme parte de tu vida es una gran decisión. Has de informarte sobre cada raza y sus peculiaridades, conocer los cuidados que requiere y, sobre todo, comprometerte a cuidar de él siempre. Porque como sabes, nosotros no te abandonaremos nunca.

Ayúdame a soñar:

Construyamos un mundo en que nadie pase de largo al ver un animal herido.

Evita pisar caracoles.

Deja agua para los pájaros en verano.

Dibuja mariposas, no las caces.

Planta árboles, no arranques flores.

Respira hondo y crece feliz, rodeado de maravillas.

Quizás te conviertas en un adulto amable y confiado. La vida te regalará mil y un motivos para reír.

Y si alguna vez te sientes asustado o triste…

¡No olvides estirar los brazos y bostezar!

La autora

Laura Ruiz nació en Cantabria. A los dieciocho años se fue a Salamanca, donde cursó licenciatura y doctorado en Psicología. Ha trabajado al frente de una ONG internacional y como técnico de Protección de Menores. Actualmente, es psicóloga en un centro educativo de Cantabria.

En el ámbito científico, tiene publicados libros y material didáctico sobre Educación en Valores, Psicología y Discapacidad.

Ha sido galardonada en el XIX Concurso Nacional de Cuentos Infantiles Tertulia Goya; finalista en el XIX Certamen Literario Internacional "Santoña… La mar"; seleccionada en el VIII Concurso de Microrrelatos Sol Cultural; finalista en el "V Concurso de Microrrelatos ACEM "; premio "XIV Concurso Internacional de Cuentos infantiles sin fronteras de Otxarkoaga"; finalista en el LXVII Premio Internacional de Relatos Cortos "La Felguera"; finalista I Concurso de Poesía Aliar; seleccionada en el I Certamen de Poesía y Microrrelatos "calle la calle"; finalista de la II Edición del Premio Internacional de Narrativa Breve "Cristina Tomi" Un Café con Literatos. Recientemente, ha obtenido el primer premio del X Concurso Internacional de Relato Luis Adaro.

Le encantan los perros y escribir. Sus libros transmiten la magia de vivir en positivo y disfrutar. Pero también sensibilizan, porque educar a través de los libros es una forma ideal de ayudar a crecer como persona.

Si te gusta lo que has leído o si tienes sugerencias para nuevas aventuras, puedes contactar con la autora en:

https://www.facebook.com/laura.r.rivas.9

De la misma autora:

Animación y discapacidad. La integración en el Tiempo Libre,
Laura Ruiz.
Ed. Amarú

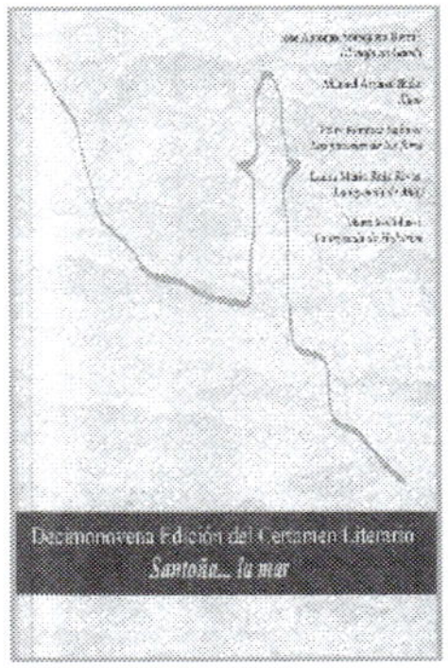

XIX Certamen Literario Santoña… La mar.
Varios autores

XIX Edición de Cuentos Tertulia Goya.
Varios autores

XIV Edición de Cuentos Infantiles Sin Fronteras de Otxarkoaga
Varios autores

Viento del Norte. **Kindle y Libro papel.***www.amazon.es*

Hay momentos en la vida que debes tomar una gran decisión: salvarte o morir. Aunque hacerse a la mar quizá no sea lo más sensato. Pero para Bady y su panda no hay alternativa: son la afición principal del trío de matones más despreciable de su instituto.

Y además, comparten un sueño:

¡HACERSE PIRATAS!

Pero ser pirata no es fácil. Prueba de ello es el cadáver que apareció flotando en la Playa del Camello: un amasijo de huesos, recomido en verdín y moluscos, con una extraña tela de cuero protegida bajo su puño férreo.

La abuela de Bady conserva reliquias que les pondrán sobre la pista del codiciado libro de Jean Fleury, uno de los más temidos bucaneros de la Historia...

Edy Gualdrapas. Especialista en desastres . Kindle y Libro papel. Caligrama
Laura Ruiz Rivas

Este es Edy.
Así, sin apellidos.
Bueno, sin apellidos, sin padres y pobre como una rata, que no tiene ni una triste peonza que echarse al bolsillo.
A primera vista puede parecer una albondiguilla con patas, como dice Dani, su mejor amigo.Pero que no te engañe su pinta. Edy es, en realidad, un superhéroe "camuflao", un culo inquieto siempre envuelto en líos que junto a su panda, "la Tribu del chicle", vive mil aventuras, tronchantes y disparatadas.
A veces, viajan a la luna. Otras, van al zoo y se pelean con los monos por la merienda Hay días en que organizan el rescate de una mascota atrincherada en el interior de un piano, o en los que deben resolver un atraco al colegio.
Y cada capítulo es una aventura.
Cada aventura, un motivo para reír y morir de la risa. Y una excusa para aprender una forma positiva de vivir. Esa, que nos ayuda a afrontar nuestros miedos y obstáculos con buen humor. Esa, que nos permite convivir con respeto hacia todos, descubriendo el valor oculto de cada persona.
¡Porque cada niño lleva en su alma la semilla de un gran destino!

En marzo de 2015, las agencias espaciales americana (N.A.S.A.) y europea (E.S.A.) iniciaron una misión conjunta para valorar nuestra capacidad de desviar un posible asteroide en órbita de colisión contra la Tierra. Se llamó A.I.D.A., siglas inglesas de "Evaluación de desvío de Impactos de Asteroide".
Un pequeño pueblo muy cerca de ti, es el punto clave de una catástrofe inminente: el impacto de un asteroide que amenaza con destruir la Tierra. Pero, en ese mismo lugar, ha ocurrido un suceso sin precedentes: la visita de una alienígena del lejano y desconocido planeta Sasp-TK.

Oki-Took, una sasperita novata y torpe, descubrirá la maravillosa vida en la Tierra. Y luchará, junto a un pequeño grupo de amigos terrícolas, por evitar el desastre.
¿Lograrán nuestros amigos salvar la Tierra?
¿Podrá la humanidad aceptar que existe vida en otros planetas?
Y, ¿qué harías tú si una alienígena llamase a tu puerta?
Toda esta aventura quedó recogida en un documento ultrasecreto que confiscó la N.A.S.A. Este es el documento. Original y firmado por Oki-Took, que nos dio su permiso para divulgarlo.

Índice